ACADÉMIE DES SCIENCES, BELLES-LETTRES ET ARTS
DE LYON

UN FAUX DÉCRET

DE NAPOLÉON IER

3 JUILLET 1806 — 5 MARS 1861

Communication faite le 3 juin 1914

PAR

M. Georges GUIGUE
Ancien élève de l'École des Chartes.

LYON

A. REY, IMPRIMEUR DE L'ACADÉMIE
4, RUE GENTIL, 4
—
1914

UN FAUX DÉCRET

DE NAPOLÉON IER

3 JUILLET 1806 — 5 MARS 1861

Communication faite le 3 juin 1914

PAR

M. Georges GUIGUE

Ancien élève de l'École des Chartes.

LYON

A. REY, IMPRIMEUR DE L'ACADÉMIE

4, RUE GENTIL, 4

1914

UN FAUX DÉCRET

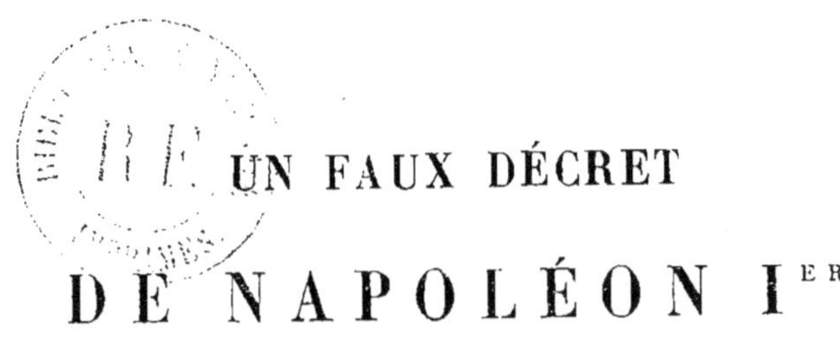

DE NAPOLÉON IER

3 JUILLET 1806 — 5 MARS 1861

I

Le faux, comme le mensonge, est de tous les temps, de tous les milieux sociaux. S'il est intéressant ou utile d'en constater la matérialité, il est peut-être plus important de tenter d'en déterminer le mobile, alors qu'il ne semble point répondre à un intérêt immédiat et qu'il paraît l'œuvre de gens dont la probité stricte ne peut être suspectée.

Le 6 mars 1861, une grande affiche blanche (0,790 × 0,570 mm.) était placardée à Lyon :

EMPIRE FRANÇAIS

PRÉFECTURE DU RHONE

ARRÊTÉ

Nous, Sénateur, chargé de l'administration du département du Rhône ;

Vu le rapport de M. le Président du Conseil des Prud'hommes, du 23 février 1861,

Vu le décret impérial du 3 juillet 1806, ensemble le règlement d'administration publique qui l'accompagne ;

Considérant que les faits nombreux de piquage d'once, récemment constatés dans l'industrie de la dorure et passementerie, tendraient à faire supposer que le décret et règlement d'administration précités, ou ne sont pas suffisamment connus, ou sont tombés en désuétude dans la pratique ;

Considérant qu'il importe de rendre à ces dispositions toute leur force en leur donnant une nouvelle notoriété ;

Arrêtons :

Article premier

Seront publiés, à la suite du présent arrêté, les articles 129 à 140 du décret impérial du 3 juillet 1806, portant règlement d'administration publique pour l'exécution de la loi du 18 mars de la même année.

Des placards contenant cette publication seront apposés à l'intérieur de tous les ateliers de dorure et passementerie existant dans la circonscription du Conseil des Prud'hommes de Lyon.

Art. 2

Expédition du présent arrêté sera adressé à M. le Président du Conseil des Prud'hommes, chargé d'en assurer l'exécution en ce qui le concerne.

Fait à Lyon, le 5 mars 1861.

Le Sénateur chargé de l'administration
du département du Rhône :
Vaïsse.

Extrait des minutes de la Secrétairerie d'Etat.

Au Palais de Saint-Cloud, le 3 juillet 1806.

Napoléon, Empereur des Français et roi d'Italie,

Sur le rapport de notre Ministre de l'Intérieur ;

Vu l'article 2 de la loi du 18 mars dernier, portant que le mode de nomination des membres devant composer le Conseil des Prud'hommes de la ville de Lyon sera déterminé par un règlement d'administration publique ;

Notre Conseil d'Etat entendu ;

Nous avons décrété et décrétons ce qui suit :

Art. 129

Pour empêcher à l'avenir et détruire, autant qu'il sera possible, le vol des matières dans les fabriques de Lyon, et le commerce illicite

qui s'est fait par des gens vulgairement appelés *Piqueurs d'once*,
très expresses inhibitions sont faites à tous les chefs d'atelier, mouliniers, écacheurs et fileurs d'or, et généralement à toutes sortes de
personnes de quelque sexe et âge qu'elles puissent être, à qui les
marchands fabricants donnent à travailler et préparer des matières,
d'exposer en vente, vendre ou échanger, engager ou retenir, ni
d'acheter les uns des autres, sous prétexte de déchets ou autrement, les soies, dorures et autres matières qui leur sont confiées
pour préparer et manufacturer, à peine contre lesdits chefs d'atelier, mouliniers, écacheurs et fileurs d'or, plieurs de soie, dévideuses et autres personnes, d'être poursuivis comme voleurs. Pourront néanmoins les marchands fabricants réclamer les soies, dorures et autres matières saisies, lorsqu'ils justifieront qu'elles leur
appartiennent.

ART. 130

Mêmes défenses sont faites à tous teinturiers de vendre clan-
destinement, soit par des agents secrets ou autrement, une ou
plusieurs parties des soies et matières qui leur seront confiées
pour teindre, ainsi que les échanger, engager ou retenir, à peine
contre lesdits teinturiers contrevenants au présent article d'être poursuivis comme voleurs. Lesdites soies et matières seront rendues
aux marchands fabricants lorsqu'ils justifieront qu'elles leur appartiennent, ainsi qu'il est dit à l'article précédent.

ART. 131

Pareilles défenses sont faites à toutes sortes de personnes, de quelque
profession, sexe, âge, qualité et condition qu'elles soient, d'acheter,
troquer, échanger, prendre en paiement pour gages ou en dépôt,
ou en telles sortes et manières que ce puisse être, des chefs d'ateliers, teinturiers, mouliniers, écacheurs et fileurs d'or et d'argent,
dévideuses, commis, garçons de peine et généralement de quelques personnes que ce soit, employées dans la fabrique, aucunes
étoffes, aucunes soies, dorures, ni autres matières servant aux manufactures d'étoffes, rubans, galons et passements et autres semblables ouvrages qui en dépendent, même sous prétexte que lesdites matières proviendraient de déchet ou autrement, ni de s'im-
miscer directement ni indirectement dans la vente desdites étoffes,
soies, dorures et autres matières, le tout à peine d'être poursuivies
comme voleurs et complices du vol.

ART. 132

Indépendamment des peines portées par le précédent article,

tous revendeurs et revendeuses, piqueurs d'once et autres qui se seraient entremis, en contravention des dispositions dudit article, pour acheter et vendre, faire acheter et faire vendre, troquer, échanger, prendre en payement ou mettre en gage ou en dépôt des étoffes, soies, dorures et autres matières, en seront solidairement garants et responsables, et seront, en outre, tenus et contraints par toutes voies, et même par corps, à payer comptant et en entier ce qui serait dû en compte d'étoffes, soies, dorures et autres matières, par le chef d'atelier, teinturier ou autre contrevenant, aux marchands fabricants dont lesdites étoffes, soies, dorures et autres matières, auraient été vendues, troquées, échangées, mises en gage ou en dépôt, ou prises en payement, sans qu'ils puissent avoir ni prétendre aucun recours contre lesdits chefs d'atelier, et autres contrevenants, pour être remboursés du payement qu'ils auraient fait audit marchand fabricant.

Art. 133

Les ouvriers à façon, facteurs, commis, dévideuses, tireuses de cordes et autres personnes employées par les marchands fabricants et chefs d'atelier, qui seront convaincus d'avoir échangé, pris ou engagé, acheté ou vendu lesdites étoffes, soies, dorures et autres matières, seront aussi poursuivis comme voleurs et receleurs.

Art. 134

Défenses expresses sont faites à tous colporteurs, revendeurs, revendeuses, merciers appelés piqueurs d'once et à tous autres qui ne seraient pas de profession, à faire commerce de soies et dorures, ou à les employer dans la fabrication des galons, passements, raiseaux, rubans et autres ouvrages, d'avoir, acheter, colporter, vendre ni débiter aucuns filets en or ou en argent sur trame ni sur soie ronde, ni aucune autre espèce de dorure servant à la fabrication des étoffes et à celle des galons, passements, raiseaux, rubans et autres ouvrages en dépendant. Pareilles défenses, sous les mêmes peines, à toutes personnes, de quelque sexe, âge et condition qu'elles soient, d'avoir, de vendre, offrir, exposer en vente ou colporter aucunes soies teintes servant aux fabriques et manufactures desdites étoffes. Dans lesquelles défenses ne sont néanmoins comprises les soies teintes servant à coudre et à broder, à faire des tapisseries et autres, qui ne peuvent être employées aux fabriques et manufactures des étoffes, bas de soie, galons, rubans, raiseaux, passements et autres semblables ouvrages.

Art. 135

Pareilles défenses sont faites aux marchands fabricants de recevoir des chefs d'atelier, en compte de solde ou autrement, aucunes soies et autres matières que celles qu'ils leur auront livrées ; enjoint auxdits marchands fabricants, soit qu'ils fabriquent, soit qu'ils fassent fabriquer pour leur compte, de justifier en tout temps, quand ils en seront requis, de qui ils ont acheté les soies qui se trouveront dans leur domicile, ateliers, ouvroirs et magasins, d'indiquer les teinturiers qui les auraient teintes ; comme aussi ceux qui leur auraient vendu les traits et filets d'or et d'argent, et les personnes par qui ils les auraient fait filer, à l'effet de quoi ils tiendront des livres dans lesquels ils écriront, par ordre de date, les achats et ventes de leurs soies, dorures et marchandises, le prix, la qualité, la quantité, l'aunage et le numéro des ouvrages, les noms des vendeurs et acheteurs, comme aussi des livres de teintures, sur lesquels seront détaillés la quantité des soies qu'ils auront envoyées chez les teinturiers et les couleurs dans lesquelles ils les auront fait teindre, ensemble tous autres livres concernant la régie et manutention de leur fabrique et de leur commerce ; le tout à peine d'être réputés receleurs et comme tels poursuivis extraordinairement.

Art. 136

Le Conseil de Prud'hommes est autorisé à faire toutes recherches nécessaires pour l'inspection qui lui est attribuée dans les endroits qui lui seront indiqués, même, suivant l'exigence des cas, chez toutes autres personnes qui ne tiendraient point à la fabrique et manufacture d'étoffes, en prenant néanmoins, à leur égard, des permissions particulières de M. le Maire et en se faisant assister d'un officier ministériel. Pourra, le Conseil de Prud'hommes, saisir et enlever les soies, dorures et marchandises qui seront trouvées en contravention ; lesquelles seront remises, avec les procès-verbaux qui en seront dressés, au greffe du Tribunal de Commerce, dans les vingt-quatre heures, à peine de nullité, pour être ensuite statué par ledit Tribunal sur lesdites contraventions ainsi qu'il appartiendra en conformité du présent règlement et sur la poursuite du Conseil de Prud'hommes.

Art. 137

Les courtiers ou agents de change avoués par le Gouvernement et patentés pourront seuls s'entremettre pour la vente des soies et étoffes, en indiquant les magasins, comptoirs des marchands fabricants ou faisant fabriquer pour leur compte, ou des autres mar-

chands de la ville qui en auront à vendre. Défenses expresses auxdits
courtiers et agents de change de tenir magasin ni d'avoir chez eux
des soies crues ou teintes, ni des étoffes de soies d'or et d'argent
ou autres, provenant desdites manufactures, conformément aux lois
relatives aux courtiers et agents de change.

TITRE XV

Des faillis et droit de suite.

ART. 138

Les chefs d'atelier qui se trouveraient avoir des étoffes sur le
métier pour un marchand fabricant qui aurait fait faillite pourront
sommer les syndics des créanciers de leur fournir la matière nécessaire pour achever les pièces qui seront commencées et si les syndics
refusaient de le faire ou s'il n'y en avait pas de nommés, ils se
pourvoiront pour être statué sur la continuation des ouvrages com-
mencés, ainsi qu'il appartiendra et de la manière qui sera jugée con-
venable au bien des parties, par-devant le Conseil de Prud'hommes ;
et, dans le cas où lesdits chefs d'atelier auraient été exposés à perdre leur temps, il leur sera adjugé par le Conseil de Prud'hommes
un dédommagement proportionné au temps qu'ils auront perdu, pour
lequel dédommagement ils auront, sur lesdites étoffes, le même privi-
lège et la même préférence que pour le payement et la façon de leurs
ouvrages.

ART. 139

Les marchandises, soies, dorures et autres matières et ustensiles
comme peignes, remisses et autres harnais remis par les marchands
fabricants aux chefs d'atelier, teinturiers, plieurs de soies, écacheurs
et fileurs d'or et d'argent, dévideuses et autres, non plus que les
étoffes qui se trouveront fabriquées desdites matières, ne pourront,
dans le cas d'absence ou de faillite, de la part desdits chefs d'atelier, teinturiers et autres, être saisis ni enlevés pour leurs dettes
particulières, pas même pour ceux qui se prétendraient créanciers pri-
vilégiés, comme bouchers, boulangers, propriétaires et principaux
locataires de maisons et autres, à peine de nullité des saisies, et à
tous dépens, dommages et intérêts contre ceux à la requête desquels
lesdites saisies et lesdits enlèvements auraient été faits. Permis aux
marchands fabricants de suivre et réclamer, en pareil cas, les marchandises à eux appartenant, même de les faire enlever, pourvu qu'ils
soient assistés d'un membre d'un Conseil de Prud'hommes et d'un

officier ministériel, nonobstant toutes saisies, oppositions, appella-
tions et autres empêchements généralement quelconques.

Art. 140

Les marchands fabricants auront, à l'exclusion de tous autres,
excepté néanmoins les propriétaires et principaux locataires des maisons occupées par les chefs d'atelier, un privilége spécial sur le
montant de la façon des étoffes qu'ils auront donné à fabriquer auxdits
chefs d'atelier, pour raison des soies, dorures et autres matières par
eux confiées auxdits chefs d'atelier, et dont ceux-ci leur seraient rede-
vables ; et, en cas de contestation sur le prix des façons, de même
que pour constater si l'ouvrier sera créancier ou débiteur du marchand fabricant, il y sera pourvu et statué par le Conseil de
Prud'hommes.

Pour copie conforme :

Le Secrétaire général
pour l'Administration :
A. Pelvey.

Lyon, Imprimerie Nigon, rue Dubois, 7.

Nul ne songera à contester l'authenticité de l'arrêté du
préfet Vaïsse ; mais, sans même soupçonner l'existence de
la critique diplomatique, on s'arrête étonné devant la phra-
séologie de ces articles 129-140 du décret impérial du
3 juillet 1806 dont tous les termes jurent avec le style ferme,
précis et concis des textes législatifs du premier Empire.

Si respectueux qu'on puisse être à l'égard des imprimés
administratifs, l'examen s'impose.

Deux phrases de l'arrêté lui-même sont à rapprocher :

Dans le préambule : *Vu le décret impérial du 3 juillet
1806, ensemble le règlement d'administration publique qui
l'accompagne.*

Article premier : *Seront publiés à la suite du présent
arrêté les articles 129 à 140 du décret impérial du 3 juillet
1806, portant règlement d'administration publique pour
l'exécution de la loi du 18 mars de la même année.*

Le règlement d'administration publique accompagne le

décret impérial du 3 juillet 1806 et ce même décret porte —
en style administratif est le — règlement d'administration
publique pour l'exécution de la loi du 18 mars précédent.

Il y a là une faute de rédaction inadmissible étant données
la culture intellectuelle et la valeur administrative qu'avait,
à cette date de 1861, le personnel des bureaux de la Préfecture du Rhône.

La loi du 18 mars 1806, constituant le Conseil des
Prud'hommes de Lyon, le premier établi en France *(Bulletin
des lois, 4e série, an XIV, n° 1423, pp. 352-358)*, porte,
article 2 : *Le mode de nomination* (des prud'hommes) *sera
déterminé par un règlement d'administration publique.*

Et ce règlement d'administration publique est le décret,
en 16 articles, du 3 juillet 1806 *(Bulletin des Lois, n° 1742,
4e série, t. 5, p. 284).*

Rien dans la loi du 18 mars et dans ce décret du 3 juillet
ne laisse supposer l'existence d'un autre texte officiel.

Reste l'hypothèse que ce décret complémentaire ait
échappé à la publication ou à l'analyse dans le *Bulletin des
Lois*, le *Moniteur* et tout autre recueil, il s'en trouverait alors,
à défaut du texte, au moins traces d'envoi, soit à Paris,
soit à Lyon.

Les recherches les plus minutieuses demeurent vaines, fait
d'autant plus étrange que son article 136 étend le droit de
visite des prud'hommes chez les personnes n'appartenant
point à la Fabrique.

On est donc amené à conclure que ces articles 129 à 140,
compilés sur les anciens règlements de la Fabrique lyonnaise,
quand ils n'en reproduisent pas servilement le texte, articles
attribués à un décret impérial du 3 juillet 1806, ne peuvent
être autre chose qu'un faux.

Il est impossible de songer à une faute lourde, le préfet

Vaïsse ne laissant à personne le soin de contrôler même les menus détails d'administration.

Mais comme il y a dans le faux des degrés et que tout administrateur avisé sait tenir en réserve, à défaut de justification, une explication de ses actes, ce faux ne peut avoir été forgé de toutes pièces dans les bureaux de la Préfecture, partant il y a lieu de rechercher d'après quel document il a pu être établi.

II

La soie, source de fortune et de misère, a cette propriété d'avoir son poids modifié dans des proportions, parfois considérables, par différents procédés.

De là, gains illicites de la part de certains vendeurs, pertes sèches pour les acheteurs; d'où méfiance instinctive entre tous ceux appelés à la manipuler, du producteur de cocons, en passant par tous les intermédiaires avant qu'elle parvienne, teinte ou non, à l'ouvrier tisseur, au « canut ».

De là enfin, réserve, défiance, enquête, contrôle, inquisition, pour tout ce qui, de près ou de loin, touche à la précieuse matière.

Peut-être faut-il chercher dans cette belle industrie la raison des contrastes du caractère lyonnais, qui, avec la soie, compte des siècles de méfiance atavique.

Le langage populaire a désigné sous le nom de piqueurs d'once, à la fois, ceux qui prélèvent, sans que la balance les trahisse, une part illicite sur l'once, partant sur la livre de soie qui leur est confiée pour la manipuler, et ceux qui recèlent les quantités prélevées.

Par extension, la même qualification est donnée à ceux qui détournent des morceaux d'étoffes de soie et des parcelles de fils d'or et d'argent.

Ce terme même est vraisemblablement l'explication de cette sorte d'indulgence amusée du peuple pour ceux qui pratiquent ce genre de vol. Piqueur dans la langue du xvııᵉ et du xvıııᵉ siècle, c'est le parasite, le ver dans le fruit : piqueur de coffre, le parasite, qui fait antichambre ; piqueur d'escabelle, l'écornifleur ; piqueur de table, notre pique-assiette.

L'article consacré au piqueur d'once par Nizier du Puitspelu (Clair Tisseur), dans son *Littré de la Grand'Côte*, peut aussi bien que toute définition documentée faire comprendre la mentalité populaire à ce sujet au xıxᵉ comme encore au xxᵉ siècle.

> *Piqueur d'once.* — On nomme ainsi ceux qui volent la soie en levant de petites flottes sur les parties qui leur sont confiées par le fabricant, et qui s'arrangent pour faire retrouver le poids, soit en humectant la soie, soit en la chargeant, s'ils sont teinturiers, ou de toute autre manière.
>
> Une dame du Dauphiné, étant venue habiter à Lyon avec ses deux jeunes filles, s'enquit d'un magasin où elle pourrait se procurer des coupons de soierie à meilleur marché que dans un magasin de nouveautés. Une bonne femme lui dit : « *Faut aller chez un piqueur d'once. Allez donc chez X..., rue Vieille-Monnaie, vous trouverez votre affaire.* » La dame, n'ayant jamais entendu prononcer le nom de piqueur d'once, crut que c'était celui donné à la profession de marchand de coupons. Elle envoie sa fille aînée avec la bonne. La jeune fille va à l'adresse indiquée, pousse la porte, et dit à un monsieur devant une banque : « *Pardon, Monsieur, c'est bien ici chez un piqueur d'once ?* » Tableau (!!!), comme disent les romans modernes *(historique).*

La Révolution à peine terminée, les fabricants se prirent à rêver de la réglementation de l'industrie sur les bases antérieures.

Leur idéal : suivre dans toutes ses manipulations, avec des yeux d'Argus, la matière précieuse ; la réorganisation de la Police des Arts et Métiers ; le guichet indiscret dans la

porte de l'atelier du canut, cette porte, de par ordonnance,
ne fermant qu'au loquet ; le maître-garde passant à l'improviste.

Quand, dans une maison de commerce, la raison sociale
vient à changer, il s'ensuit quelque bouleversement ; les
attributions du personnel sont modifiées ; quelques amélio-
rations dans l'intérêt de la maison sont heureusement réa-
lisées et si quelque abus de discipline est maintenu, il
est fardé d'un nom qui, pour un temps, fait illusion.

Dans le projet de règlement de la Fabrique, transmis par
le préfet du Rhône, le 12 germinal an IX (2 avril 1801),
au ministre de l'Intérieur, les maîtres-gardes de l'ancien
régime sont devenus un jury conservateur de huit membres.

La réponse du ministre Chaptal à cet envoi serait à
citer intégralement.

Le titre 2 — dit-il dans cette réponse du 3 floréal an IX (23 avril
1801) — crée un jury conservateur de huit membres, chargé de surveiller l'exécution du règlement. Ce jury, qui remplace, à peu de
chose près, les anciens maîtres-gardes de la fabrique de Lyon, a des
attributions immenses. D'après la législation actuelle, les pouvoirs
administratif et judiciaire ont des fonctions entièrement distinctes et
séparées. Ici, on ne fait pas seulement du jury une autorité chargée de
la police : il est juge et administrateur en même temps ; il y a plus, il
est des cas où on lui donne le monstrueux pouvoir de condamner à
des amendes arbitraires. Une pareille disposition ne sauroit être
tolérée. Il ne faut jamais que les hommes ayent le droit de mettre leur
volonté à la place de la justice... Je ne parlerai pas du droit donné au
jury de faire des visites et des perquisitions ; je sais qu'à cet égard il
est tenu de remplir différentes formalités, mais les citoyens verroient-
ils sans inquiétude le rétablissement d'une mesure qui formoit l'une
des parties les plus odieuses des anciennes institutions et qui rappelleroit l'une des époques les plus malheureuses de la Révolution ?
Cette mesure ne seroit-elle point regardée comme consacrant le principe de la violation du domicile et ne finiroit-elle point par exciter un
mécontentement universel[1] ?...

[1] Voir ci-après, pièces justificatives, I.

Mais l'intérêt, comme l'appétit exaspéré, n'est arrêté par aucune considération.

Ce projet ainsi accueilli par le ministre[1] était remis en discussion par la Commission des règlements, devant le citoyen préfet, le 5 floréal an IX (25 avril 1801), peut-être avant même que la réponse ministérielle fût parvenue.

Au dire d'un écrivain qui a connu les fabricants de cette époque, il fut repris par la Chambre de commerce, dont le secrétaire, Régny, depuis trésorier de la ville, se souvenant qu'à Lyon, comme ailleurs, il y avait eu des expertises faites, des contestations tranchées à dire de prud'hommes, eut l'idée de substituer ce nom à celui de jury conservateur.

Un mémoire portant règlement aurait été adressé le 26 juillet 1804, au Ministre de l'Intérieur et, comme il était resté sans réponse, une audience fut demandée par la Chambre de commerce à Napoléon, lors de son passage à Lyon ; le 12 avril 1805, avec Régny comme orateur, dans les salons de l'Archevêché, elle aurait plaidé sa cause et, en présence de l'Empereur, rédigé cet autre projet qui, présenté au Corps Législatif par Regnault de Saint-Jean-d'Angély, au Tribunat par le lyonnais Camille Pernon, devint, presque mot pour mot, la loi du 18 mars 1806 portant établissement d'un Conseil de Prud'hommes à Lyon[2].

La loi, pas plus que le décret du 3 juillet qui allait la suivre, ne donnait satisfaction à la Chambre de commerce et aux fabricants. Ce qu'on voulait, c'était le retour pur et simple aux anciens règlements inquisitoriaux, la visite à l'improviste,

---

[1] *Projet examiné par la Commission des règlements le 23 ventôse an IX (14 mars 1801),* imprimé et distribué.

[2] Grognier, Notice sur le Conseil des Prud'hommes, dans *Archives du Rhône,* t. IV, p. 241, Lyon, Barret, 1826. — Cf. A. Bleton, Conseil des Prud'hommes, dans *Lyon et la région lyonnaise en 1906,* Lyon, A. Rey, 1906, t. II, p. 152. A. Bleton, averti, signale le faux décret. — A. Poidebard et J. Chatel, *Camille Pernon, fabricant de soieries.* Lyon. A. Rey. 1912.

contre le piquage d'once, chez les ouvriers, chez les maîtres teinturiers, des conseillers prud'hommes maîtres-gardes.

Lettres, plaintes et projets de règlements se succédaient et Champagny, qui avait remplacé Chaptal, n'entendait pas plus que lui sortir de la légalité[1].

Là où la Chambre de commerce échouait, le Conseil de Prud'hommes pouvait réussir et on lui fit rédiger, dès les premiers mois de 1808, un projet de règlement, toujours le même, à peu de chose près, mais qui justifiait au-delà qu'on avait obtenu son agrément pour le charger de rechercher ceux qui se rendent coupables de vol[2].

La réponse du Gouvernement fut ce qu'elle devait être, c'est le décret du 11 juin 1809 contenant règlement sur les Conseils de Prud'hommes (*Bulletin des Lois*, n° 4450, p. 307-323), qui réglemente le droit de visite et spécifie que le propriétaire de l'atelier qu'on se propose de visiter sera prévenu deux jours à l'avance ; bien plus, l'article 66 dit que l'inspection a pour objet unique d'obtenir des informations sur le nombre de métiers et d'ouvriers.

Le texte est formel, et pourtant ces articles 129-140, publiés par le préfet du Rhône, le 5 mars 1861, comme extraits du décret impérial du 3 juillet 1806, ne sont autre chose que les articles 129-140 du projet de règlement établi par le Conseil de Prud'hommes en 1808.

III

Le 23 février 1861, le préfet du Rhône recevait la lettre suivante dont le ton peut faire penser à une sorte de mise en demeure.

---

[1] Voir pièces III, IV, V, VI, VII.
[2] Voir pièces V et VI.

Lyon, le 23 février 1861.

Le Président du Conseil des Prud'hommes de la ville de Lyon.

Monsieur le Sénateur,

Il s'est passé dernièrement, dans l'industrie de la dorure, des faits d'autant plus regrettables qu'ils ont eu un retentissement fâcheux dans le public, et qu'ils ont mis l'autorité judiciaire dans la nécessité d'intervenir et de prononcer diverses condamnations à ce sujet.

Ces faits avoient pour but le piquage d'once, cette plaie comme incurable de la Fabrique lyonnaise; peut-être auroient-ils été prévenus si ceux qui en ont été les auteurs eussent connu le décret du 8 *(sic)* juillet 1806 dont l'article 189 *(sic)* est ainsi conçu :

« Pour empêcher à l'avenir et détruire, autant qu'il sera possible,
« le vol des matières dans les fabriques de Lyon et le commerce illi-
« cite qui s'est fait par des gens vulgairement appelés piqueurs
« d'once, très expresses inhibitions sont faites à tous les chefs d'ate-
« liers, mouliniers, écacheurs et fileurs d'or, et généralement à toutes
« sortes de personnes de quelque sexe et âge qu'elles puissent être, à
« qui les marchands fabricants donnent à travailler et préparer des
« matières, d'exposer en vente, vendre ou échanger, engager ou
« retenir, ni d'acheter les uns des autres, sous prétexte de déchets ou
« autrement, les soies, dorures et autres matières qui leur sont confiées
« pour préparer et manufacturer, à peine contre lesdits chefs d'ate-
« liers, mouliniers, écacheurs et fileurs d'or, plieurs de soie, dévi-
« deuses et autres personnes, d'être poursuivies comme voleurs;
« pourront néanmoins les marchands fabricants réclamer les soies,
« dorures et autres matières saisies lorsqu'ils justifieront qu'elles leur
« appartiennent. »

Ce décret, ignoré de la presque totalité des ouvriers et même des patrons de cette industrie, étoit tout à fait tombé en oubli et en désuétude; mais, comme il existe toujours, qu'il n'a rien perdu de sa valeur et de son autorité, il seroit très utile de lui rendre toute la force que le tems a pu lui faire perdre, en le portant à la connaissance du public et en reproduisant surtout l'article 189 cy-dessus rappellé.

Le Conseil de Prud'hommes, dont l'industrie de la dorure fait partie, ne pouvoit rester indifférent à des faits qui ont provoqué et encouru la sévérité du parquet et des tribunaux; il s'en est ému et il a dû, pour rester fidèle à l'esprit et à la nature de son institution, aviser aux moyens de détruire les abus qui s'étoient glissés dans l'industrie de la dorure et d'en prévenir le retour; en conséquence, il a décidé, dans sa dernière réunion, que vous seriez prié, Monsieur le Sénateur, par l'organe de son président, de vouloir bien rappeller au public, par la voie des publications, affiches et insertions dans les journaux, et renouvelées au besoin, les dispositions du décret précité.

Je suis convaincu, Monsieur le Sénateur, que cette publicité, que le Conseil réclame, produira un excellent effet et qu'elle contribuera puissamment à détruire les abus qui s'étoient introduits dans l'industrie de la dorure et à [en] empêcher le retour. En conséquence, je vous prie, Monsieur le Sénateur, de vouloir bien vous rendre aux désirs du Conseil en portant à la connaissance du public le texte du décret cy-dessus mentionné.

Recevez, Monsieur le Sénateur, l'assurance de ma haute considération.

Le Président,
J[ules] BONNET.

Monsieur le Sénateur administrateur du département du Rhône.

Le sénateur Vaïsse, ancien conseiller d'Etat, connaissant dans tous ses replis le droit administratif, dut être quelque peu étonné de la rédaction de cet article du décret impérial cité par le Président du Conseil de Prud'hommes.

Au bas de la lettre il écrivit au crayon : *Examiner avec soin et m'en référer.*

Cette note était à l'adresse du chef de division, Joséphin Soulary.

L'affaire était délicate ; il y avait, à ce moment, non seulement une question du piquage d'once, mais une question des prud'hommes.

Le piquage d'once n'avait jamais pu être empêché. *La Société de garantie contre le piquage d'once*, malgré ses informations et les fortes primes qu'elle versait, à l'occasion, à la police officielle[1], suffisait à peine à sa tâche.

Comme l'origine de ce chancre de la Fabrique était le commerce des déchets, les fabricants avaient, dès 1845, constitué eux-mêmes une Société pour ce commerce, la

---

[1] Voir pièce VIII.

Société lyonnaise des déchets, autorisée par décret du 28 janvier 1851, « dont le but est de contribuer par son œuvre à l'extinction de la coupable industrie connue à Lyon sous le nom de piquage d'once ».

La police, qu'elle soit commerciale ou autre, comme la langue chez le fabuliste, est la meilleure et la pire des choses. Elle procède par tâtonnements discrets ou non et en recueillant des on-dit. En attendant que ses informations soient contrôlées, de fort honnêtes gens peuvent être suspectés, d'où froideur dans les rapports entre fabricants et chefs d'atelier, « employeurs » et employés, dont les hasards de l'élection allaient, pour un temps, faire des égaux au Conseil de Prud'hommes.

La politique, de son côté, jouait son rôle dans la tension de ces rapports. Depuis longtemps la Préfecture avait compris qu'à Lyon même, combattre une candidature c'était assurer le succès de l'élection « indésirée ». Les élections des prud'hommes s'effectuaient sans pression apparente et tant pour les fabricants que pour et surtout pour les chefs d'atelier on pouvait constater le succès de républicains avancés.

Dans la lettre adressée, le 15 juin 1860, par le préfet, avec la plume de Soulary, au ministre de l'Agriculture, du Commerce et des Travaux publics, on peut se rendre compte de cette tension de rapports produite par la politique et la police.

..... MM. T..., L... et A... appartiennent à l'opinion républicaine avancée. Le premier m'est signalé comme un homme d'action dangereux. Le plus pitoyable de ces choix est celui du sʳ L..., dont la moralité est détestable et qui vit publiquement en concubinage. Il est bien triste de voir un homme couvert du mépris public appelé à exercer une juridiction dont la principale attribution est la moralisation des ateliers. Les membres du Conseil en exercice ayant manifesté tout d'abord l'intention de se retirer en masse plutôt que de subir le contact du sʳ L..., j'ai engagé M. le Président du Conseil à faire une démarche auprès de ce dernier afin d'obtenir sa renonciation au mandat que l'élection lui a conféré. Mais cette démarche a été infructueuse et le s^r L..., qui n'a d'autre ressource que son travail et qui entrevoit dans l'indemnité allouée aux prud'hommes chefs d'atelier un moyen d'améliorer sa position, a formellement déclaré qu'à moins d'y être contraint par une décision de l'autorité, il ne renoncera pas au bénéfice de son élection. Malheureusement, Monsieur le Ministre, le s^r L... dont l'inconduite est notoire, mais qui a toujours côtoyé la limite de la pénalité sans jamais la franchir, est rigoureusement dans son droit, et je n'aperçois aucun moyen de l'éliminer légalement de la représentation industrielle.

Il reste la ressource de ne confier au s^r L... aucune surveillance sur les ateliers et de restreindre son rôle dans le Conseil à une coopération aussi passive que possible.

Les opérations électorales se sont d'ailleurs accomplies avec la régularité désirable.

On peut ne voir là que l'effet de la documentation de la police, mais un fait allait marquer, sinon la scission entre fabricants et chefs d'atelier, tout au moins la tension politique ou l'absence de discipline.

A l'audience du 9 janvier 1861, deux membres du Conseil élevaient la voix pour être entendus du public et lui faire comprendre qu'ils étaient hostiles à la solution adoptée.

Devant l'effet produit sur l'auditoire, le Président déclara, à haute voix, que l'incident serait porté à la connaissance de l'autorité supérieure.

L'autorité supérieure était le préfet qui, le 14 janvier suivant, lui écrivait :

..... Ces deux prud'hommes ont, en cette circonstance, commis une irrévérence grave envers leurs collègues et failli à leur devoir de juge. Ils ont sacrifié, au désir de se populariser, la réserve et la dignité que leur imposait leur caractère de prudhomme. Si des faits semblables devaient se renouveler, les décisions du Conseil perdraient toute l'autorité qu'elles tirent du calme et de la gravité du tribunal, et la juridiction industrielle deviendrait impossible. Je ne souffrirai pas que, sous mon administration, les choses en viennent là.

Veuillez en conséquence, je vous prie, M. le Président, à la prochaine audience du Conseil, donner lecture de la présente dépêche et
prévenir les deux membres qui en font l'objet que, si leur attitude au
Conseil donnait lieu à de nouvelles plaintes, je ne pourrais me
dispenser d'en référer à l'autorité supérieure.

C'était parler en administrateur, mais, le Conseil de
Prud'hommes le savait, l'autorité supérieure, comme l'autorité préfectorale, était sans armes.

Un fait plus grave encore allait amener le Conseil à
réclamer à nouveau l'intervention de la Préfecture.

Le sr L..., élu à la prud'homie, section de la Dorure et
Passementerie, le 1ᵉʳ mai 1860, celui-là même qui faisait
l'objet de la lettre du 15 juin, avait été arrêté au moment où
il venait vendre chez un fondeur d'or, receleur émérite,
certaine quantité de matières d'or et d'argent. L'information
et les débats établissant en outre que, depuis longtemps, il
vendait soit de semblables matières, soit des déchets qu'il
n'avait pas le droit de conserver, le Tribunal correctionnel,
dans son audience du 29 janvier 1861, le condamnait à un
an de prison pour abus de confiance.

Un piqueur d'once avait pu siéger comme juge au Conseil
de Prud'hommes.

L..., laissé en liberté provisoire, en profitait pour se pré-
cipiter le lendemain matin, 30 janvier, du haut d'un cin-
quième étage [1].

Cette condamnation était d'un exemple salutaire ; mais ce
suicide, dans le monde de la Fabrique, pouvait être d'un
effet déplorable et faire considérer par quelques-uns le
condamné comme victime de la tyrannie patronale. La
manipulation de la soie exigeant la prévision d'une certaine quantité de déchets, s'il y a contestation sur cette

---

[1] Lettre du procureur impérial du 30 janvier 1861.

quantité, le canut le plus honnête peut être inculpé de piquage d'once.

Républicains avancés, bonapartistes et autres durent tomber d'accord; s'il est un terrain d'entente entre partis extrêmes, c'est celui de la probité. Le résultat des informations, des conversations et de la délibération qui suivit fut cette lettre du 23 février envoyée au sénateur-préfet par le Président du Conseil de Prud'hommes.

La recommandation d'examiner avec soin était inutile, adressée à J. Soulary; mieux que personne il connaissait la question des prud'hommes qui était dans les attributions de ses bureaux et toutes les minutes de la correspondance exigeant non seulement réflexion, mais même une nuance de forme étaient rédigées par lui. D'autre part, ses relations personnelles le mettaient à même, en dehors de tout rapport administratif, d'avoir une précision, une documentation d'information particulièrement précieuse pour éviter tous les heurts que produit parfois l'emploi d'un mot ou d'une ponctuation, dans une dépêche officielle.

Le document cité par les prud'hommes n'était pas au *Bulletin des Lois;* il n'était pas non plus, parce que trop ancien, dans les dossiers des bureaux. Il fallait recourir aux Archives, à ces Archives du Rhône, reléguées au grenier, en désordre encore, à la suite d'une série de déménagements, incomplètes, le fait était notoire, parce qu'elles avaient souffert des « piqueurs de pièces » pour collections, comme la Fabrique des piqueurs d'once.

Elles pouvaient fournir pourtant une ampliation du décret en seize articles, du 3 juillet 1806, *signée Champagny,* encore dans sa lettre d'envoi du 17 juillet[1], et un cahier de trente-cinq feuillets, écrit au commencement du

---

[1] Voir le texte de cette lettre d'envoi, pièce II.

xixᵉ siècle, portant au dos : *3 juillet 1806. Règlement pour les fabriques de Lyon*[1].

Au folio 1, on lit : *Extrait des minutes de la secrétairerie d'Etat.*

Au Palais de Saint-Cloud, le 3 juillet 1806.

Napoléon, empereur des Français, roi d'Italie, sur le rapport de notre ministre de l'Intérieur, vu l'article 2 de la loi du 18 mars 1806...

Ici suit la copie de la loi du 3 juillet 1806, qui est terminée : Par ampliation, le ministre de l'Intérieur, signé Champagni.

Conseil de Prud'homme. Titre premier. Article premier.

Seront assujettis à l'observation du présent règlement et justiciables du Conseil de Prud'hommes, tous les individus attachés aux travaux concernant la Fabrique de Lyon, tant en étoffes de soyes qu'en gaze, crêpes, rubanerie, guimperie, enjoliveurs, brodeurs, teinturiers, faiseurs de peignes.

Le Conseil de Prud'hommes est composé de neuf membres.......

L'article 129 correspond à la citation faite par le président J. Bonnet sous le nº 189.

Folio 34, à la suite de l'article 140, on lit :

Le présent projet de règlement pour la fabrique des étoffes de soies à Lyon, rédigé par le Conseil de Prud'hommes, a été approuvé par la Chambre de commerce, dans sa séance du 12 may 1808. Signé Memo, président, en l'absence de Motel[2], *secrétaire.*

Devant cet ensemble de faits, devant la brutalité des

---

[1] Ce document est actuellement aux archives de la ville de Lyon, en tête du dossier des prud'hommes.

[2] *Lire* Mottet Degérando.

documents, on est amené à conclure que le préfet Vaïsse,
pour donner satisfaction au Conseil de Prud'hommes en un
moment de crise, aurait sciemment publié un faux, donnant
pour décret impérial de 1806 ce qu'il pouvait savoir n'être
qu'un projet de règlement de 1808.

IV

L'histoire n'est malheureusement pas une science exacte;
l'histoire contemporaine en particulier réserve d'autant
plus de surprises qu'on ne peut jamais être sûr d'avoir
épuisé les sources d'information.

Le sénateur Vaïsse, ancien conseiller d'Etat, administrateur du département du Rhône, ancien ministre, préfet-
maire du Second Empire, rude peut-être à l'égard des adver-
saires du régime, ne s'est, au dire de ceux qui l'ont connu —
il en reste quelques-uns — jamais départi de la plus stricte
correction.

Joséphin Soulary, le doux poète, était la droiture même.

Le secrétaire-général Pelvey, qui signe pour copie conforme, était un adjudant pointilleux et vétilleux.

Des hommes de ce caractère ne pouvaient considérer la
production d'un document faux, que comme un manque-
ment à l'honneur, une tache dans leur carrière, une faute
politique, une de ces bévues comme en commettent seuls les
administrateurs improvisés.

La minute de cet arrêté du 5 mars, de la main de Soulary, signée Vaïsse, a été conservée, il n'est point inutile de
la reproduire mot pour mot.

Nous, Sénateur, chargé de l'administration du département du
Rhône;

Vu le rapport de M. le Président du Conseil des Prud'hommes, du
23 février 1861;

Vu le décret impérial du 3 juillet 1806, ensemble le règlement d'administration publique qui l'accompagne;

Considérant que les faits nombreux de piquage d'once récemment constatés dans l'industrie de la dorure et passementerie tendraient à faire supposer que les décret et règlement d'administration précités, ou ne sont pas suffisamment connus [1], ou sont tombés en désuétude dans la pratique [2]; considérant qu'il importe de rendre à ces dispositions toute leur force en leur donnant une nouvelle notoriété,

Arrêtons :

ARTICLE PREMIER. — Seront publiés, à la suite du présent arrêté [3], le décret impérial du 3 juillet 1806 et les articles 129 à 140 du règlement d'administration publique qui l'accompagne.

Des placards contenant cette publication seront apposés à l'intérieur de tous les ateliers de dorure et passementerie existant dans la circonscription du Conseil des Prud'hommes de Lyon.

ARTICLE 2. — Expédition du présent arrêté sera adressée à M. le Président du Conseil des Prud'hommes chargé d'en assurer l'exécution en ce qui le concerne.

Fait à Lyon, le 5 mars 1861.

Le Sénateur chargé de l'administration du département du Rhône,

VAÏSSE.

La minute signée par le préfet était remise à un expéditionnaire chargé de la copier pour l'imprimeur, en la faisant suivre des textes remis en vigueur.

Un arrêté signé par le préfet ne se modifie pas ou tout au moins les modifications sont portées à la minute avec un visa.

Or il y a divergence entre le texte de la minute et celui de l'affiche.

La minute porte : « Article premier. Seront publiés à la suite du présent arrêté, le décret impérial du 3 juillet 1806

---

[1] *Ici les mots biffés :* des ouvriers et patrons de cette industrie.

[2] *A la suite le mot* et *biffé; les mots* considérant *et* à ces dispositions, *en addition. La phrase primitive était* et qu'il importe de leur rendre toute leur force.

[3] Ici et en marge deux mots entièrement effacés.

et les articles 129 à 140 du règlement d'administration
publique qui l'accompagne. »

L'imprimé : « Article premier. Seront publiés, à la suite
du présent arrêté, les articles 129 à 140 du décret impérial
du 3 juillet 1806, portant règlement d'administration
publique pour l'exécution de la loi du 18 mars de la même
année. »

De là on peut déduire ce qui a dû se passer, il faut dire
ce qui s'est passé.

Les fabricants de 1806, la Chambre de commerce, les
prud'hommes rêvaient, on l'a vu, d'un règlement spécial à
la Fabrique. Les rédactions de projets s'accumulaient, dans
lesquels variait le nombre des articles ; il est à croire que
ce chiffre 189 et cette date du 8 juillet donnés par le président Bonnet ne sont point une faute de lecture.

Petits commis et copistes improvisés, en mal d'orthographe, établissaient leurs copies comme des images du
rêve réalisé, débutant : « Extrait des minutes de la secrétairerie d'Etat. Au Palais de Saint-Cloud, le 3 juillet 1806.
Napoléon, empereur... » Et plus d'un, sans doute, à la suite
de l'article 140, écrivait sans penser à mal : « Notre
ministre de l'Intérieur est chargé de l'exécution du présent
décret. Signé : Napoléon. Par l'Empereur, le secrétaire
d'Etat, signé : Hugues-B. Maret. Pour ampliation, le ministre
de l'Intérieur, signé : Champagny. »

M. J. Bonnet, le Président de 1861, commerçant arrivé
par son intelligence et sa valeur, si le style et l'orthographe
sont des facteurs à mettre en ligne de compte, n'avait pourtant peut-être point une culture suffisante pour, en l'occur-
rence, discerner le faux du vrai.

Le préfet Vaïsse avait reçu, à plusieurs reprises, la visite
du Président des prud'hommes, qui, de bonne foi, lui affir-
mait qu'il existait un règlement de 1806, qu'il s'en trouvait

des copies tant à la Chambre de Commerce qu'au Conseil
de Prud'hommes ; l'esprit de la lettre du 23 février était
connu de lui, il ne lut pas l'article cité.

Soulary, documenté de longue main sur la question,
connaissant les usages de la Fabrique lyonnaise, ne pouvait
mettre en doute l'existence d'un règlement ; les archives en
désordre ne lui fournissant vraisemblablement ni l'ampliation du décret du 3 juillet, dans sa lettre d'envoi, ni la copie
du projet de règlement, il n'eut sûrement sous les yeux
qu'une de ces copies conservées soit au Conseil de Pru-
d'hommes, soit à la Chambre de Commerce, images du rêve
caressé par les fabricants du début du siècle et il rédigea
l'arrêté, convaincu qu'un règlement officiel accompagnait
le décret du 3 juillet 1806.

L'expéditionnaire, chargé de la copie pour l'imprimeur,
fit consciencieusement son métier de tâcheron, moulant de
belle plume l'arrêté de M. le Sénateur, relevant plus vite le
décret du 3 juillet, tant sur l'imprimé au *Bulletin des Lois*
que sur la copie précédant les articles 129 à 140 qu'il devait
y ajouter, et son travail achevé, il inscrivait la formule
Pour copie conforme, qu'allait suivre la signature du Secrétaire général, un fonctionnaire aux attributions faussées
par une interprétation de texte.

Ce dernier n'avait qu'à signer, ce qu'il fit sans doute.
Sa signature apposée, le texte devait être confié à l'imprimeur, il y avait urgence. L'affaire était terminée, il ne
restait qu'à expédier les affiches dès leur arrivée.

C'est à ce moment qu'il faut chercher la modification
apportée à la rédaction de Soulary ; par lui ? par le sénateur
Vaïsse ? Ils étaient trop lettrés pour n'en point saisir l'in-
cohérence, et, sous leurs yeux, la juxtaposition des textes
du décret inséré au *Bulletin des Lois* et du pseudo-décret
était plus que suffisante pour tout remettre en question.

Sans détails techniques, il n'est point difficile de se rendre compte comment, sur une copie, il était relativement facile de modifier la rédaction de l'article premier de l'arrêté. Quant au texte du décret du 3 juillet, il suffisait de le bâtonner, moins le préambule.

Mais le fait d'avoir modifié un article d'arrêté de telle sorte qu'il jure avec le vu qui annonce cet article, de reproduire strictement le préambule d'un décret qui ne concerne que la nomination des prud'hommes en tête d'extraits d'un règlement d'une industrie, décèle une main étrangère à l'administration.

Laquelle? Il n'est pas de problème qu'avec le temps, on puisse dire insoluble.

L'arrêté imprimé du préfet était falsifié, mais, comme il était imprimé, à la Préfecture même il n'y eut aucun soupçon. Il y en avait si peu qu'à la suite d'une demande du maire de Saint-Etienne, qui naturellement ne trouvait pas au *Bulletin des Lois* les articles reproduits, le chef de bureau Windrif minutait, le 10 avril suivant, une lettre au préfet de la Loire, annonçant l'envoi de quelques exemplaires de l'arrêté qui avait prescrit « la publication des articles 129 à 140 d'un[1] décret impérial du 3 juillet 1806, relatif au piquage d'once et vente de matières employées par les passementiers ».

La falsification de l'arrêté du sénateur Vaïsse est restée insoupçonnée ; quant aux articles du faux décret ils passent peut-être de nos jours encore pour parole impériale.

Qu'on ouvre les *Usages du Conseil de Prud'hommes de la ville de Lyon pour les industries de la soierie* (Lyon, imprimerie A. Bonnaviat, rue Sainte-Catherine, 13, 1876); p. 30, on lit : Extrait du décret du 3 juillet 1806. Napoléon,

---

[1] Cette minute portait primitivement « du décret ».

empereur des Français et roi d'Italie, notre Conseil d'Etat entendu, nous avons décrété et décrétons ce qui suit : Art. 129. Pour empêcher à l'avenir... Art. 130... Art. 136.., ce dernier concernant le droit de visite[1]:

Leur conséquence juridique peut être considérée comme négative, il n'est pas un magistrat sachant son métier capable de s'en servir ; mais il peut n'en pas être de même de leur influence sur l'état d'esprit de la Fabrique et sur les usages locaux, partant ils peuvent être l'origine de démarches sinon de mesures illégales.

---

[1] Ces trois articles et les autres se trouvent aussi dans des publications plus récentes, voir les Comptes rendus de la Société de garantie contre le Piquage d'once.

PIÈCES JUSTIFICATIVES

2ᵉ Division.

BUREAU DES ARTS
ET MANUFACTURES

Réponse à une lettre
du 12 germinal.

*Enregistrée à l'arrivée,
n° 769, germinal.*

*Enregistrement
du départ n° 473.*

Observations sur le pro-
jet de réglement pour
les fabriques d'étoffes
de soye de Lyon, en-
voyé par le Préfet du
département du Rhône

I

RÉPUBLIQUE FRANÇAISE

LIBERTÉ ÉGALITÉ

Paris, le 3 floréal an IX, de la République
Française, une et indivisible.

*Le Ministre de l'Intérieur au Préfet du département
du Rhône, à Lyon.*

J'ai examiné, citoyen Préfet, avec la plus grande attention le projet de règlement pour les fabriques d'étoffes de soyes de Lyon, que vous m'avez adressé le 12 germinal.

Les travaux et le zèle de la Commission qui s'est occupée de ce projet méritent les plus grands éloges et je vous charge de lui témoigner toute ma satisfaction. Mais la rédaction des règlements pour nos villes de fabrique est subordonnée à la solution de l'importante question de savoir si les mesures réglementaires seront remises en vigueur ou si les manufacturiers continueront d'avoir la liberté de fabriquer de telle manière et dans telles dimensions qu'ils jugeront convenables. Je suppose que cette question soit décidée par l'affirmative; il faudroit alors provoquer du Corps législatif une loi qui autorisât le gouvernement à arrêter les dispositions que nécessiteroient les localités et les différentes branches d'industrie. Il deviendroit indispensable pour l'exécution des règlemens d'établir des peines, telles que des amendes et des confiscations, et cet objet est du ressort de la législation. Quoi qu'il en soit, je vais vous faire part des observations que m'a suggérées une lecture rapide du travail que vous m'avez envoyé.

Le titre 2 crée un jury-conservateur de huit membres, chargé de surveiller l'exécution du règlement. Ce jury qui remplace, à peu de choses près, les anciens maîtres-gardes de la fabrique de Lyon, a des attributions immenses. D'après la législation actuelle, les pouvoirs administratif et judiciaire ont des fonctions entièrement distinctes et séparées. Ici on ne fait pas seulement du jury une autorité chargée de la police; il est juge et administrateur en même temps; il y a plus, il est des cas où on lui donne le monstrueux pouvoir de condamner à des amendes arbitraires. Une pareille disposition ne sauroit être tolérée. Il ne faut jamais que les hommes ayent le droit de mettre leur volonté à la place de la justice. Ses attributions ne sont pas non plus déterminées d'une manière assez précise. En admettant l'hypothèse qu'il est nécessaire de créer une autorité qui cumule à la fois les fonctions administrative et judiciaire, il faudroit encore examiner si elle doit être autorisée à prononcer, sans appel, et jusqu'à concurrence de cent francs sur toutes les contestations relatives à la fabrique. Le pouvoir des juges de paix n'est pas aussi étendu; ils ne statuent en dernier ressort que sur les affaires qui ne s'élèvent pas au dessus de cinquante francs. Je ne parlerai pas du droit donné au jury de faire des visites et des perquisitions; je sais qu'à cet égard il est tenu de remplir différentes formalités, mais les citoyens verroient-ils sans inquiétude le rétablissement d'une mesure qui formoit l'une des parties les plus odieuses des anciennes institutions et qui rappelleroit l'une des époques les plus malheureuses de la Révolution ? Cette mesure ne seroit-elle point regardée comme consacrant le principe de la violation du domicile et ne finiroit-elle point par exciter un mécontentement universel? On n'a pas assez réfléchi sur les inconvéniens qu'elle présente: il faut en pareille circonstance n'adopter qu'avec la plus grande circonspection les dispositions qui peuvent allarmer les citoyens.

C'est encore le jury qui est chargé de recevoir les amendes et les sommes comptées par les personnes tenues de se faire enregistrer dans ses bureaux. On pourroit peut-être observer à cet égard que les sommes exigées des ouvriers pour leur enregistrement sont trop considérables. Une somme de deux à quatre francs n'est rien pour un particulier aisé; mais elle est souvent excessive pour un ouvrier qui n'a ordinairement d'autre ressource pour subsister que le produit de son travail.

La police proposée pour les ouvriers étrangers et français qui viendroient travailler à Lyon m'a paru d'une tyrannie révoltante; ils ne doivent pas seulement se présenter au jury, il faut encore qu'ils ayent son agrément. Ce jury a encore le droit de fixer le temps pendant lequel ils pourront être occupés. Cette mesure est contraire à la Constitution qui détermine les conditions nécessaires pour devenir citoyen. En effet, elle leur refuse, quelle qu'ait été la durée de leur séjour sur le territoire, les mêmes avantages que ceux dont jouissent les ouvriers français. On ne s'en est point tenu là; on y a encore compris les individus nés en France, mais qui ne seroient point de Lyon. Une pareille disposition ne sauroit être admise. Les lois ne sont-elles pas les mêmes pour tous et les citoyens qui s'y conforment ne méritent-ils pas une protection égale? Il faut croire qu'il y a dans cet article un vice de rédaction et qu'en l'insérant on a eu en vue de prévenir les inconvéniens qui résulteroient pour une bonne fabrication de l'admission d'ouvriers inconnus.

L'exécution du règlement m'a paru devoir occasionner des frais considérables. C'est sans doute ce motif qui a déterminé les taxes imposées sur la population industrielle, mais en admettant la nécessité de les établir sur les personnes qui peuvent les acquitter, n'auroit-il pas été juste d'en dis-

penser les ouvriers qui, le plus souvent, gagnent à peine de quoi nourrir
leur famille? Pourquoi encore exiger des apprentifs qu'ils passent avec les
chefs d'ateliers un contract reçu par un notaire? Ce sont des frais sans
objet. Il falloit suivre l'ancien usage; il suffisoit alors d'un simple acte
sous seing privé.

Je ne parlerai point des articles obscurs ni des longueurs qui se trouvent
dans le règlement. Pourquoi assujettir les ouvriers qui cesseront de travailler pour un manufacturier-marchand à justifier qu'ils ne lui restent
débiteurs d'aucune somme? Cette disposition est inutile. Dans le cas où
l'on refuseroit au manufacturier-marchand de lui tenir compte des sommes
qu'il auroit avancées, il peut, comme les autres citoyens, se pourvoir devant
les tribunaux : les affaires de ce genre rentrent dans leurs attributions.

Je ne vois point l'objet de l'injonction faite aux teinturiers par l'article 3,
du titre II, de décruer, cuire parfaitement et laver, sous peine d'une
amende de 300 francs, toutes les qualités de soye qui leur auroient été
confiées? Qu'on les oblige à rendre les matières teintes suivant les règles
de l'art, cela est dans l'ordre, mais l'amende établie contr'eux, en cas de
contravention, me paroit trop forte. Les peines doivent être graduées et
il me semble que cette amende devroit être beaucoup moins considérable,
sauf à l'augmenter en cas de récidive.

Je pourrois faire de plus nombreuses observations, mais il faudroit alors
entrer dans des détails que ne comporte point l'étendue de ma lettre.
L'article relatif à la fixation du prix de la façon de chaque aune d'étoffes
de soye seroit par exemple susceptible de quelques réflexions. A la vérité
le minimum seul de cette fixation est arrêté et rien n'empêche les manu-
facturiers-marchands de payer une plus forte somme que celle portée
dans le règlement, mais à cet égard est-il possible d'adopter une mesure
qui ne soit pas sujette à varier suivant les circonstances? Ne valoit-il pas
mieux laisser le maître et l'ouvrier régler cet objet à l'amiable? Le règlement apporte encore à l'exercice de l'industrie des obstacles que les prin-
cipes de liberté condamnent et que l'utilité publique n'exige pas : telles
sont les dispositions par lesquelles on prescrit le brevet d'apprentissage
et certaines formalités pour pouvoir exercer, soit comme manufacturier-
marchand, soit comme chef-d'atelier. Les fabricans mêmes qui ont rem-
pli ces formalités éprouvent des entraves multipliées qui ne peuvent
qu'embarrasser et gêner le développement de l'industrie.

En résumé, je pense, citoyen Préfet, qu'il faut rétrécir le cadre du
travail que vous m'avez envoyé et se borner aux articles absolument
nécessaires. Ce travail, malgré ses imperfections, n'en comporte pas moins
un grand intérêt, et je me propose de le remettre à une Commission que
j'ai chargée d'examiner les règlemens relatifs aux manufactures en général.

Veuillez, je le répète, témoigner aux citoyens qui s'en sont occupés ma
satisfaction de leur zèle.

Je vous salue.

CHAPTAL.

<table>
<tr><td>

1re **Division.**

———

Bureau d'Adminis-
tration commerciale

———

Réponse à
à Lettre du 3 juillet.

———

Enregistrement
à l'arrivée n° 538 juillet.
au départ n° 54.

———

Nota. — La réponse doit
être adressée directe-
ment au Ministre.

</td><td>

II

Paris, le 17 juillet an 1806.

Le Chef de la 1re Division du ministère de l'Intérieur.

A M. D'Herbouville, préfet du département du Rhône.

Monsieur [1],

Son Excellence le Ministre de l'Intérieur me charge de vous transmettre une ampliation du décret du 3 de ce mois par lequel Sa Majesté a déterminé :

1° Le mode de nomination et d'installation des Prud'hommes ;

2° La formation de leur Bureau général et particulier ;

3° Ce qui concerne la tenue du Conseil.

Le Ministre désire que vous lui accusiez la réception de ce décret et que vous en assuriez l'exécution.

Je vous prie, Monsieur, d'agréer l'assurance de la considération distinguée avec laquelle j'ai l'honneur de vous saluer,

p. p. Lenoir?

</td></tr>
</table>

---

[1] *En tête de cette dépêche est placée la note ci-après probablement de la main du préfet d'Herbouville :* « acc récept [*accuser réception*] et renouveller la demande de la décision sur les patentes. Inviter par affiches les m^{ds} fabriquans à se faire inscrire à la Mairie et en prévenir M. le Maire de Lyon. »

Et au-dessous :

« 24 juillet, accusé réception ; dud. adressé copie au Maire. »

« 27 octobre 1806, adressé au Maire minute du procès-verb. de l'assemblée du 21 p^r la nom^{on} de 4 membres du Conseil de prud'hommes. »

Et plus loin :

« La première lettre au Ministre concernant les Bonnetiers est du 1er avril 1806. »

« 29 septembre 1806. Rappellé cette lettre concernant les bonnetiers au Ministre et demandé si ils peuvent concourir à la composition du Conseil des prud'hommes. »

« Du 8 décembre. Ecrit au Maire de faire les dispositions nécessaires p^r la prochaine tenue des assemblées de nég^{ts} fab^{ts}, etc., pour le renouvellement par tiers du Conseil des prud'hommes. Dud. informer de cette disposition les membres du Conseil des prud'hommes. »

2ᵉ Division.

———

BUREAU DES ARTS
ET MANUFACTURES

———

On l'entretient de la né-
cessité de réprimer le
vol des matières pre-
mières commis par les
ouvriers auxquels on
les confie pour être
mises en œuvre.

———

III

Paris, le 20 avril 1807.

Le Ministre de l'Intérieur.

A *Monsieur le Préfet du département d(u Rhône[1]).*

Il m'est parvenu, Monsieur, des plaintes multipliées sur l'infidélité des ouvriers de quelques fabriques, qui, abusant de la confiance que l'on a en eux, se permettent de retenir une partie des matières premières qu'on leur délivre pour être mises en œuvre. Ces vols, qui sont fréquens dans les manufactures d'étoffes de soie de Lyon et de draps de Sedan et de Carcassone, appellent toute l'attention de l'Administration, et le desir de les faire cesser m'a déterminé à chercher quels seraient les moyens de répression qu'on pourrait employer. Il m'a paru que la sévère exécution de l'article Iᵉʳ du titre III de l'ordonnance de 1673, qui oblige tout homme s'occupant d'affaires de commerce à tenir un journal de ses opérations, pouvait contribuer à faire atteindre le but que je me propose. Comme l'on doit inscrire sur ce journal le nom et le domicile des vendeurs, la justice aurait un moyen de découvrir et de punir ceux qui sont signalés pour faire le commerce des matières volées.

Je n'ai pas besoin, Monsieur, de vous parler du tort que le vol des matières premières fait aux fabricans. Indépendamment de la perte que ce vol leur cause, ils en éprouvent une autre qui ne leur est pas moins préjudiciable : l'emploi vicieux des matières décrédite les marchandises qu'ils établissent ; et c'est ce qui arrive sur-tout dans les manufactures de draps, où l'étoffe faite avec différentes espèces de laines est souvent *ribotée* ou *fraisée* d'un bout à l'autre. Pour que cette étoffe puisse être vendue, il faut l'énerver sous la rame, afin d'effacer les faux plis. Le pressage finit par les faire disparaître ; mais, à l'user, la moindre humidité rend sensible ce vice de fabrication. Que résulte-t-il d'un pareil état de choses ? Le particulier qui a été trompé accuse la masse des fabricans, sans réfléchir qu'on ne saurait mettre sur la même ligne le manufacturier estimable qui tient à sa réputation, et l'homme malhonnête qui ne désire que d'être oublié, pourvu qu'en se livrant à des ventes frauduleuses, il fasse des profits. L'un des

---

[1] *En tête de cette circulaire imprimée est placée la note :* « Consulter sur cet objet la Chambre de commerce », *probablement de la main du préfet d'Her-bouville.*

Et au-dessous : « fait le 5 mai et accusé réception au Mᵗʳᵉ. »

plus grands bienfaits que puissent obtenir nos manufactures, est donc la répression du délit qui m'a été dénoncé. Ce délit se renouvellerait bien moins souvent, ou plutôt il n'aurait jamais lieu, s'il n'était favorisé par des individus peu délicats, qui, entraînés par l'appât d'un gain honteux, ne rougissent pas de se faire les recéleurs de ceux qui s'en rendent coupables. L'action de la justice doit s'exercer sur les uns et les autres avec la même sévérité; et je compte assez sur votre zèle pour être persuadé que vous ne négligerez rien pour faire cesser un abus qu'il importe tant de détruire. Je desire qu'en m'accusant la réception de ma lettre, vous m'instruisiez de ce que vous aurez fait pour remplir mes vues.

Recevez, Monsieur, l'assurance de ma parfaite considération.

CHAMPAGNY.

IV

Lyon, le 6 juin 1807.

La Chambre de Commerce de Lyon[1].

A *M. le Préfet du département du Rhône.*

Monsieur le Préfet,

Nous avons reçu la lettre que vous nous avez fait l'honneur de nous adresser le 5 mai, pour provoquer nos vues sur les moyens de répression que S. E. le Ministre de l'Intérieur désire voir employer contre les vols des matières premières commis par les ouvriers auxquels elles sont confiées pour être mises en œuvre. Cette pensée du ministre est une preuve nouvelle de l'intérêt éclairé que Son Excellence porte à nos manufactures, qui ont effectivement beaucoup à se plaindre de l'abus qu'Elle signale. Nous en avons fait l'objet de nos plus sérieuses méditations, et nous avons l'honneur de vous transmettre le projet de réglement à intervenir, auquel nous nous sommes arrêtés. Il est précédé d'un rapport qui lui donne des développemens que nous croyons propres à fixer votre attention.

Nous avons l'honneur d'être, Monsieur le Préfet, vos très humbles et très obéissans serviteurs.

RÉGNY, vice-président,
D. MOTTET, secrétaire.

---

[1] *En tête, on lit :* « acc. récep. [accuser réception] et transmettre au Min. [Ministre] en appuyant ces vues qui paraissent saines et justes. »
Et au-dessous : « fait le 10 juin 1807. »

2ᵉ Division

BUREAU DES ARTS
ET MANUFACTURES

Réponse à
à Lettre d

*Enregistrement
à l'arrivée 686, juin
au départ 69*

ɔservations sur le pro-
jet de règlement ré-
digé par la Chambre
de commerce de Lyon,
à l'effet de réprimer le
vol de matières pre-
mières commis par les
ouvriers auxquels on
les confie pour être
mises en œuvre.

V

Paris, le 3 juillet 1807.

Le Ministre de l'Intérieur.

A *Monsieur Herbouville, préfet du département
du Rhône, à Lyon* [1].

J'ai examiné avec attention, Monsieur, le projet de réglement qu'a rédigé la Chambre du Commerce de Lyon, à l'effet de réprimer le vol des matières premières commis par les ouvriers auxquels on les confie pour être mises en œuvre, et je me suis convaincu que ce projet devait éprouver plusieurs modifications. Je ne trouve aucun inconvénient dans l'adoption des deux premiers articles. La visite que doivent faire les prud'hommes et qui est autorisée par l'article 29 de la loi du 18 mars 1806, peut être utile en procurant des renseignements sur la population industrielle de la fabrique des étoffes de soye et sur le nombre de métiers que cette fabrique tient aujourd'hui en activité. Il conviendra, si elle s'effectue, que vous me transmettiez un double du tableau qui sera dressé à ce sujet.

Quoique l'ordonnance de 1673 ne parle point nominativement des Teinturiers, il est évident qu'ils sont tenus, comme les Négociants et les Marchands, d'avoir des registres qui contiennent le détail de leurs affaires. Si le projet règle sagement ce qui est relatif à ce point, il établit d'un autre côté une disposition que je ne saurais approuver. Il leur défend de teindre pour d'autres particuliers que pour les Lyonnais. Cette défense, qui isolerait la Ville de Lyon des autres parties de l'Empire, est contraire aux vues du Gouvernement qui confond tous les citoyens dans sa sollicitude, sans acception de localités, ni de personnes. Elle pourrait d'ailleurs ammener la destruction de plusieurs manufactures de l'intérieur qui tirent de cette ville leurs soyes toutes teintes, entr'autres, de celles de rubans, de Saint-Chamond, qui n'a pas des ateliers où l'on fasse toutes les nuances. Le tarif des Douanes a prévu le cas où les étrangers pourraient profiter de l'habileté

---

[1] *En tête de la dépêche est placée l'annotation ci-après, probablement du préfet d'Herbouville :*

« Réunir à cette lettre la circulaire que le Ministre m'a adressée sur le même objet et me remettre le tout.

« Transmettre un extrait de cette lettre à la Chambre de commerce, en dissimulant l'espèce de contradiction qui se trouve entre elle et la circulaire imprimée.

« 16 (juillet) donné connaissance des dispositions de cette lettre à la Chambre de commerce. »

de nos ouvriers. Il a prohibé la sortie des soyes teintes. La disposition dont il s'agit ne saurait donc être maintenue. Il en est de même de celle qui soumet les opérations des teinturiers à l'inspection et aux visites des Prud'hommes. Son adoption fournirait les moyens de dérober la connaissance des procédés nouveaux en usage dans les ateliers. Ces procédés sont la propriété de celui qui les employe, et toute mesure qui aurait pour objet d'en faire donner communication, ne saurait recevoir la sanction de l'Administration. Il ne m'appartient pas de désigner le Tribunal auquel doivent être renvoyées la répression et la punition du vol des matières premières. Des lois ont déterminé les affaires qui sont du ressort des différens Tribunaux, et il n'est pas en mon pouvoir d'apporter des changements à ce qu'elles prescrivent à cet égard.

En proposant de charger les Prud'hommes de rechercher ceux qui se rendent coupables du vol des matières premières, on a sans doute obtenu leur agrément pour une mission qui présente de nombreuses difficultés. Ils ne manquent pas eux-mêmes d'être pénétrés de l'opinion que, dans l'accomplissement de cette mission, on ne saurait tolérer l'emploi de moyens qui seraient réprouvés par les Lois. Ils ne peuvent, en aucun cas, exiger la représentation des livres d'achat et de vente. Cette représentation, si l'un d'eux manquait de délicatesse, aurait les suites les plus fâcheuses pour les propriétaires de ces livres. On pourrait divulguer des opérations qui doivent rester secrètes, et porter à un particulier un préjudice qu'il serait difficile de réparer. Il paraît que ces considérations n'ont pas échappé aux rédacteurs de l'ordonnance de 1673 : car cette ordonnance, tout en prescrivant aux gens de négoce de tenir des registres, ne permet aux Tribunaux d'en exiger la communication que pour *succession, communauté* et *partage de société en cas de faillite.*

Du reste, Monsieur, on s'abuserait étrangement si l'on croyait parvenir par des mesures de Police à empêcher entièrement le vol des matières premières. Il a toujours été un mal inhérent à toutes les fabriques où l'on est obligé de confier aux ouvriers ces matières pour être mises en œuvre. Avant la révolution, les *Piqueurs d'onces* désolaient, comme ils le font aujourd'hui, la fabrique d'étoffes de soye de Lyon. Le remède le plus efficace qu'on puisse apporter à ce mal, c'est de surveiller avec soin le compte des matières qu'on délivre aux ouvriers. Si cette surveillance ne prévient pas le vol, le fabricant ne pourra qu'accuser sa négligence, puisqu'il est reconnu que ce délit n'a lieu que dans les manufactures où elle ne s'exerce pas avec toute l'activité nécessaire.

Recevez, Monsieur, l'assurance de ma parfaite considération.

CHAMPAGNY.

A la Chambre
ommerce de Lyon.

VI

Lyon, le 16 juillet 1807.

Le Ministre de l'Intérieur a examiné avec attention, M.M., le projet de Règlement que vous avez rédigé à l'effet de réprimer le vol des matières premières commis par les ouvriers auxquels on les confie pour être mises en œuvre. Son Excellence s'est convaincue que ce projet devait éprouver plusieurs modifications. Elle m'a fait à ce sujet les observations suivantes :

L'adoption des deux premiers articles ne présente aucun inconvénient.

La visite que doivent faire les prud'hommes et qui est autorisée par l'art. 29 de la Loi du 18 mars 1806 peut être utile en procurant des renseignements sur la population industrielle de la fabrique des étoffes de soie, et sur le nombre de métiers que cette fabrique tient aujourd'hui en activité. Il conviendra, si elle s'effectue, que vous me transmettiez un double du tableau qui sera dressé à ce sujet pour l'adresser à Son Excellence.

Quoique l'ordonnance de 1673 ne parle point nominativement des Teinturiers, il est évident qu'ils sont tenus, comme les Négocians et les Marchands, d'avoir des régistres qui contiennent le détail de leurs affaires. En réglant sagement ce qui est relatif à ce point, le projet renferme une disposition qui ne saurait être maintenue, c'est celle qui astreint les Teinturiers à teindre pour les Lyonnais exclusivement, et qui isolerait ainsi la Ville de Lyon des autres parties de l'Empire. Une pareille mesure est contraire aux vues du Gouvernement, qui confond tous les citoyens dans sa sollicitude, sans acception de localités ou de personnes. Elle pourrait, d'ailleurs, amener la destruction de plusieurs manufactures de l'intérieur qui tirent de Lyon leurs soies toutes teintes, entr'autres de celles de rubans de Saint-Chamond, où il n'existe pas d'atteliers où l'on fasse toutes les nuances. Le tarif des Douanes a prévu le cas où les étrangers pourraient profiter de l'habileté de nos ouvriers. Il a prohibé la sortie des soies teintes.

La disposition qui soumet les opérations des Teinturiers à l'inspection et aux visites des Prudhommes fournirait les moyens de dérober la connaissance des procédés nouveaux en usage dans les atteliers. Ces procédés sont la propriété de celui qui les employe et toute mesure qui aurait pour objet d'en faire donner communication ne saurait recevoir la sanction de l'autorité.

Des Lois ont déterminé les affaires qui sont du ressort des différens Tribunaux. Il n'est pas au pouvoir de Son Excellence d'apporter des changemens à ce qu'elles prescrivent à cet égard, et désigner le Tribunal auquel doivent être renvoyées la répression et la punition du vol des matières premières.

En proposant de charger les prudhommes de rechercher ceux qui se rendent coupables du vol de ces matières, vous avez sans doute obtenu leur agrément pour une mission qui présente de nombreuses difficultés. Ils ne manquent pas eux-mêmes d'être bien pénétrés de l'opinion que, dans l'accomplissement de cette mission, on ne saurait tolérer l'emploi de moyens qui seraient réprouvés par les Lois. Tel est, par exemple, celui de la représentation des livres d'achat et de vente. Il appartient aux Tribunaux d'en exiger la communication dans les cas déterminés par les Lois.

Du reste, M.M., S. E. pense qu'on ne peut parvenir, par des mesures de police, à empêcher entièrement le vol des matières premières. Avant 1790, les *Piqueurs d'once* désolaient, comme ils le font aujourd'hui, la fabrique d'étoffes de soie de cette ville. Le Ministre croit que le remède le plus efficace qu'on puisse apporter à ce mal, c'est de surveiller avec soin le compte des matières qu'on délivre aux ouvriers. Si cette surveillance ne prévient pas le vol, le fabricant ne pourra qu'accuser sa négligence, puisqu'il est reconnu que ce délit n'a lieu que dans les manufactures où elle ne s'exerce pas avec toute l'activité nécessaire.

C. H. [*visa du préfet d'Herbouville.*]

VII

Lyon, le 3o juillet 1807.

La Chambre de Commerce de Lyon.
A *Monsieur le Préfet du département du Rhône.*

Monsieur le Préfet,

La Chambre de Commerce, en conséquence de vos observations, a examiné de nouveau le projet de réglement relatif à la répression du vol des matières premières, qu'elle vous avait communiqué d'après vos ordres.

Les premières dispositions de ce réglement se trouvent absolument conformes à celles de la loi du 18 mars, qui ordonne, titre 4, article 19, que, sur la réquisition de la Chambre de Commerce, le Conseil des Prud'hommes lui communiquera le tableau des individus occupés à tous les travaux de la fabrique.

Les grandes occupations qu'a entraînées l'établissement du Conseil ne lui ont pas encore permis de faire ce travail absolument nécessaire pour rétablir l'ordre.

Lorsque la Chambre a proposé d'exercer chez les teinturiers une surveillance sévère, elle n'a pas entendu priver les manufactures françaises de l'avantage de recourir à nos ateliers de teinture; mais, allarmée des exportations de soies teintes qui ont lieu à l'étranger, elle désirait qu'il fût pris

des précautions qui, en permettant de s'assurer de ce qui se passait chez
les teinturiers, facilitassent la recherche de ces fâcheuses exportations,
contre lesquelles la sévérité des douanes est malheureusement impuissante ;
dans aucun cas, elle n'a pas entendu que cette inspection pût porter sur
les procédés de teinture.

Le Conseil des Prud'hommes, d'après l'article 12 de la 2ᵉ section, doit
constater les plaintes en soustraction de matières premières, et il peut en
conséquence faire des visites à cet effet chez les marchands et chez les
chefs d'ateliers. Ces visites seraient illusoires si, lors de ces visites et pour
vérifier la vérité des plaintes, ils ne se faisaient pas représenter les titres
de propriété du possesseur des soies soupçonnées d'avoir été volées, et
c'est alors que le Conseil renverra la répression du délit, qu'il aura constaté,
par devant les Tribunaux compétens. La Chambre aurait désiré qu'ils
fussent renvoyés à celui du Commerce, comme plus expert dans ces sortes
de difficultés. Au surplus, le Conseil des Prud'hommes a été consulté sur
ce projet et désire vivement l'adoption des mesures proposées.

Le vol des matières premières, vulgairement appelé piquage d'once, a
fait toujours le malheur de la bonne fabrique, il empêche la consommation
des belles étoffes en occasionnant la fabrication des mauvaises à bas prix
qui nuisent à notre réputation dans l'étranger. Les moyens de le réprimer
ne sont que difficilement à la disposition des Tribunaux ordinaires, et ce
n'est que par la surveillance d'une police attachée à la manufacture qu'il
paraît possible de le réprimer.

Nous avons l'honneur d'être,

　　Monsieur le Préfet,

vos très humbles et très obéissans serviteurs.

COUDERC, *vice-président*,

D. MOTTET, *secrétaire*.

Société de Garantie contre le piquage d'onces, légalement constituée par décision ministérielle du 13 décembre 1845.

VIII

Copie d'une lettre adressée à M. le Maire de Lyon, le 9 décembre 1850, relativement à la condamnation, pour délit de piquage d'once, des nommés : Dᶫᶫᵉ D...(V.), P...(L.), femme P...

Commissaire de police : M. Rascalon, 2ᵉ arrondissement, Guillotière.

Prime : 5oo francs.

Monsieur le Maire,

Au 18 octobre dernier, le Tribunal correctionnel ayant prononcé un jugement relatif au piquage d'once contre trois délinquants, savoir :

Dᶫᶫᵉ D... (V.), à un an de prison et 25 francs d'amende ;

P... (L.), à un an de prison et 25 francs d'amende ;

Femme P..., à six mois de prison et 25 francs d'amende.

La Société de Garantie, attentive à la moralité de nos manufactures, vient déposer en vos mains une somme de 5oo francs ; espérant que votre bienveillance daignera la distribuer aux auteurs de cette poursuite, ainsi que nous sommes renseignés ; 425 francs à M. Rascalon, commissaire de police (2ᵉ arrondissement, Guillotière), lequel, dans cette affaire, se trouve indicateur et opérateur des recherches ; 75 francs à M. Vulpillat, agent de police au même bureau : 5oo francs, total de la rémunération affectée à deux causes distinctes et à trois condamnations, conçues en l'intérêt de la fabrique lyonnaise.

Daignez, etc.

Signé :
Le Président, MAURICE.
Le Secrétaire, Aᵈʳᵉ DERVIEU.

Lyon. — Imprimerie A. REY, 4, rue Gentil. — 68446

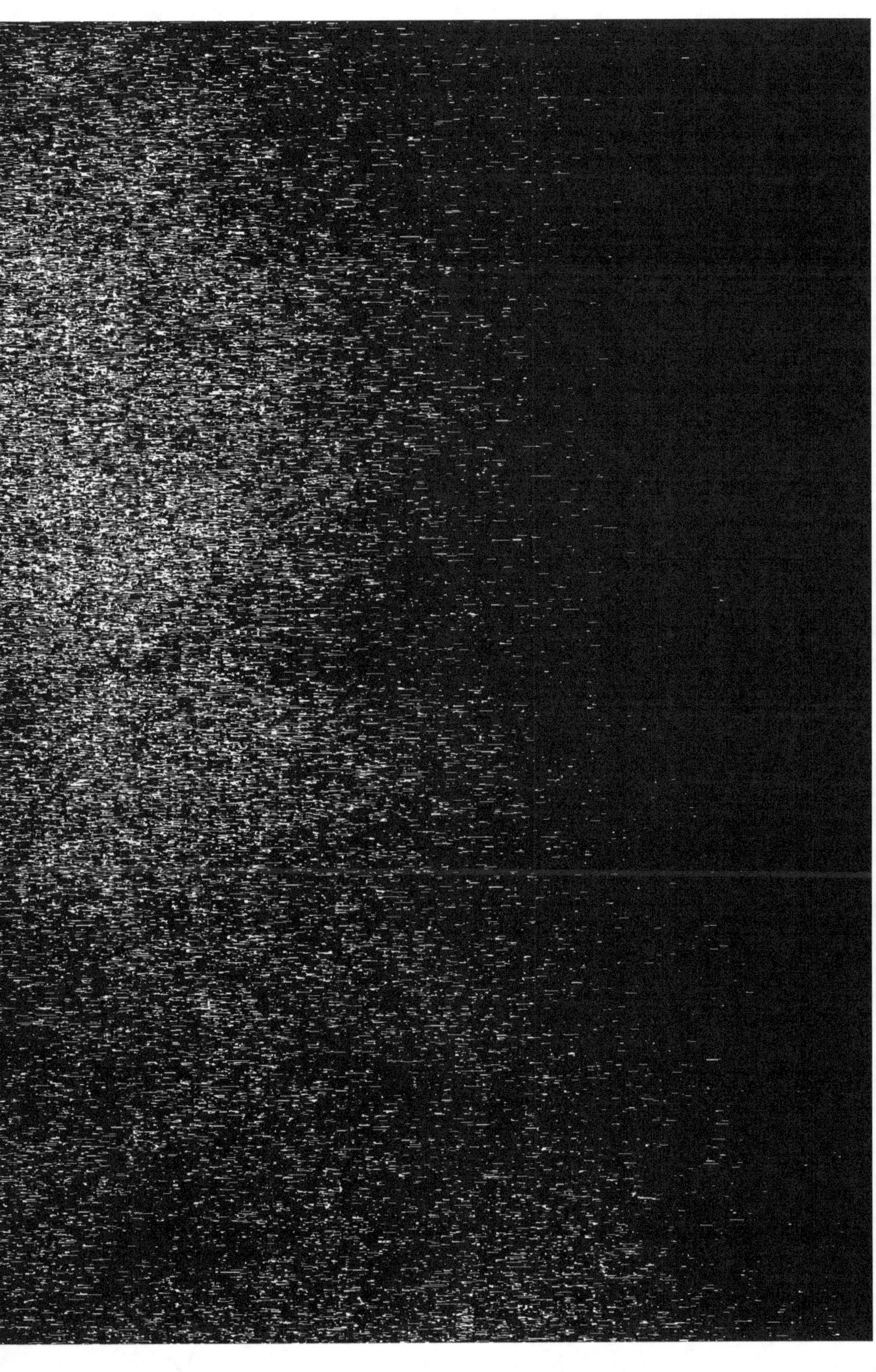